가벼운 생각

가벼운 생각

ⓒ 박기홍, 2025

초판 1쇄 발행 2025년 6월 10일

지은이	박기홍
펴낸이	이기봉
편집	좋은땅 편집팀
펴낸곳	도서출판 좋은땅
주소	서울특별시 마포구 양화로12길 26 지월드빌딩 (서교동 395-7)
전화	02)374-8616~7
팩스	02)374-8614
이메일	gworldbook@naver.com
홈페이지	www.g-world.co.kr

ISBN 979-11-388-4389-8 (03810)

- 가격은 뒤표지에 있습니다.
- 이 책은 저작권법에 의하여 보호를 받는 저작물이므로 무단 전재와 복제를 금합니다.
- 파본은 구입하신 서점에서 교환해 드립니다.

가벼운 생각

박기홍
단문집

좋은땅

일러두기

노벨상을 받은 한 물리학자가 말했다.
연구가 재미있어서 했다고.

내가 글을 쓴 이유도 재미였다.
AI는 그 재미에 빛과 소금처럼 힘이 되어 주었다.

여기에 실린 글들은
AI의 도움으로 기록한,
나의 한 시절이다.

저문 지난해의 시간 너머로
새로운 별은 계속 빛날 것이다.

추천사

박기홍 작가의 단문집 출간에 즈음하여

시인 전석홍

　박기홍 작가의 단문집이 출간된다.
　그는 오랜 기간 금융계에 종사하다가 은퇴한 후, 고향인 '시(詩)의 마을' 구림으로 돌아가 구순 노모를 봉양하며 글을 쓰고 있다.

　자연 편에서는 우리를 둘러싼 생태계를 면밀히 관찰하고, 그 아름다움을 예술적으로 표현하여 읽는 이에게 자연의 감동을 고스란히 전달한다.
　주변에서 놓치기 쉬운 꽃, 나무, 날새, 자연 경관 등을 생생하게 되살려 놓았다.
　여기에서 그의 섬세한 관찰력과 사려 깊은 문학적 표현력을 엿볼 수 있다.

　일상 편에서는 주어진 환경 속에서 살아가며 겪고 느낀

것들을 놓치지 않고 기록한다.

접하는 사물에 대하여 전광석화처럼 순간을 포착해 내면화하여 표현해 낸다.

"한옥 처마 빗물이 대야에 떨어질 때, 귀를 맑게 해 주는 청명한 독경 소리―불현듯 찾아오는 망아(忘我)의 순간."

읽는 이의 마음도 맑아지는 것 같다.

일상의 주체로서 자신을 성찰하며, 참된 자아가 되고자 희구한다.

"수양단풍에 대롱대롱 매달린 물방울. 잡념으로 가득 찬 나, 저 물방울 같은 순수함 언제 잃어버렸던가."

인문 편에서는 사회 현상을 날카로운 눈으로 바라보며, 깊은 사색을 통해 삶에 필요한 경구(警句)를 꺼내 놓는다.

그는 "진심보다 강한 것은 없다. 우리는 태어날 때 지닌 맑고 깨끗한 마음, 동심을 너무 일찍 버리고 산다. 사회 규범, 예의범절이 그것을 망가뜨렸는지도 모른다.", "속으로는 양심을 속이고, 겉으로는 근엄한 척하는 것이 주류라면 이 사회는 이미 지옥이다."라고 절규한다.

그러면서 안분자족(按分自足)을 강조한다.

"나뭇잎은 아래쪽 나뭇잎을 생각해서 자기 잎을 되도록

많이 오므려 준다고 한다. 숲의 저력은 평등, 배려 정신에 있다"고 역설하며, 공동체를 이루고 살아가는 우리에게 나뭇잎과 숲의 배려 정신이 필요함을 암시한다.

표제 시편에서는 시 세 편을 실었다.
그는 일찍이 작사·작곡에 재능이 있어 몇 곡의 노래를 펴낸 바 있다. 문학적 재능이 풍부한 그는 글 속에 풍자와 해학의 향기를 깊이 배어내며, 이를 문학 속에 적절히 접목할 줄 아는 능력을 지니고 있다.
이 단문집은 짧고 압축된 글들로 이루어져 있어 읽기 쉽고, 이해가 빠르다.
틈틈이 읽다 보면 삶에 도움이 될 것이다.

1장

자연에 관하여

바람이 말을 걸 때

나의 선線

창문을 열면
월출산과 하늘이 맞닿은 선

저 선 위에서
뻐꾸기가 평화롭게 울고
소쩍새가 간곡하게 울고…

내가 삶과 죽음의 경계
그 선에 서게 될 때
저 새소리를 기억하리라

그리고 죽음의 창문이 열리면
비선秘線과 미성美聲을 안고
거룩한 아침을 맞이하리라

* 비선은 필자의 조어

5월 불두화 숭어리, 환하기도 하여라
비가 내리쳐도 꿈쩍 않더니만
노랑나비 아양에
입꼬리가 귀에 걸리고 말았네

🌿 🌿 🌿

하구언 전봇대 갈매기들,
긴 차량 행렬도 아랑곳없이
먼 수평선을 응시하네
바다는,
그들의 날갯짓을 기다리며
숨죽인 채 기도하고 있고

🌿 🌿 🌿

우산에 빗방울이 튕기면서 콩 볶는 소리를 낸다
손목에 전달되는 팽팽함
귓전을 두드리는 경쾌함

틈을 비집고 올라온 풀
틈나는 대로 뽑지만
다시 틈을 메우는 풀

*박두규 시인의 글을 본떠서

산에게,
구름은 나그네요
햇볕은 가족
바람은 친구

연한 연둣빛으로 물든 4월의 산
바람 소리, 새들의 지저귐
시간이 멈춘 듯 아름다워라
세상은 여전히 소음과 얼룩투성이

도갑저수지 수문이 갑자기 열려 구림천 물이 불어났다
물살 소리가 마치 폭포처럼 들렸다
청둥오리는 놀이터를 잃었고,
두루미들은 영문을 모르고 사방을 두리번거렸다
하늘은 맑았다

☙ ☙ ☙

내 눈에는 아직도 꽃잎이 난분분한데, 어느새 잎새가 돋고 있네
사춘기 소년처럼 제법 거뭇하게 싹을 드러내 보이는 벚나무
모양만 바뀌었을 뿐 아름다움은 그대로 머물러 있구나

☙ ☙ ☙

상사화는 잎도 뿌리도 모두 사라진 것 같을 때,
꽃대가 올라와 꽃을 피운다
기억 속에 사라지던 옛노래가 흘러나오듯

하얀 꽃은 순수를 지키려는 몸부림일까?
발길 멈추게 한
하얀 동백,
하얀 민들레,
하얀 노루귀!

🌿 🌿 🌿

숲속의 새소리는
귀 기울일 때 예술이 되지만,
외면하면 그저 단순한 소리일 뿐
시각, 촉각도 마찬가지

🌿 🌿 🌿

고양이가 창가에 앉아
거실의 산수화 그림을 바라보네
그림 속 새를 먹잇감으로 착각하지 않기를

흰 제비꽃은 희귀하다
편견은 악을 낳는다

🌿 🌿 🌿

400년 된 느티나무,
꼭대기부터 새잎을 피우네
수관樹冠에 흐르는 장유유서

🌿 🌿 🌿

집 앞 벚나무 가로수길,
모처럼 북적댄 상춘 인파
내 소유처럼 아름다움을 베푼 착각

🌿 🌿 🌿

물결이 넘실대면서
강물이 거꾸로 흐르는 것처럼 보일 때가 있다
뇌와 눈 사이엔 늘 간극이 있다

가을 저녁 동쪽 하늘,
목성의 반짝임이여!
가을 유치원,
운동장 한가운데서 들려오는 딸 웃음소리

※ ※ ※

영산강 하구언 갈매기 떼
한 마리도 삐뚤어진 날개가 없네
저 균형의 힘 때문에 바다가 놀이터가 되고…

※ ※ ※

해 떨어지고 빛이 사라질 즈음,
서녘 하늘 낮게 드리운 검은 구름은
연이은 구릉으로 변신하지요
구름이 한껏 멋을 부리는 날이면
바다 위 떠 있는 섬처럼 보이기도 하고요

은은한 종소리가 울려 퍼질 것 같은 둥굴레꽃이
저렇게 꼬불꼬불하고 울퉁불퉁한 뿌리를 가졌다니!

🌿 🌿 🌿

조팝, 유채꽃 피자
얄궂게도 봄비가 길어지네
윙윙 꿀벌들 얼마나 한숨 길어질까

🌿 🌿 🌿

제주에서 광주로, 밤하늘을 가로지르는 비행기 불빛이 초조하게 깜박이네
마치 자신을 보라는 것처럼
비행기 아래 함초롬한 깜박임
그대들 가슴에 별처럼 빛나길

비 온 뒤 앞냇가 물이 불었다
백로는
아른아른 제 다리를 보고도
고고함을 잃지 않았다

육지에도 섬이 있다
섬이 되려다 만
들판의 봉긋한 산마루들

용산역 사진 전시장
내 고향 왕인박사유적지 목련 풍경
미국에서 한국 사람 만나면 이런 기분일까

잡초를 뽑는 일은
마음속 잡념을 없애는 일이기도 하다
무언가를 없애는 것은 빈 땅에 새싹을 틔우는 일

눈이 많이 오는 날,
단 하루만이라도 모든 자동차를 멈추게 하고 도시를 쉬게 할 수는 없을까?
눈 속에서 멈춰 선 세상,
상상만으로도 기분이 몽글해진다

🌿 🌿 🌿

짧아서 더욱 알찬 2월 마지막 날,
밭이랑에는 두엄이 모락모락하고
밭둑에는 개불알꽃이 방긋방긋 웃네

🌿 🌿 🌿

분명 꽃대만 올라왔었는데
한나절 사이 꽃을 피웠네
앙증맞은 노란 수선화 세 송이!
남몰래 피어 오르는 법 누가 가르쳐 주었을까?

도갑사 가는 길 가로수,
아직도 단풍은 오시지 않네
들에 나가신 엄마 아직도 아니 오시네
아, 단풍잎 얼마나 반가울까

🌿 🌿 🌿

싸락눈 위
흩어지는 발자국,
내 지나온 길

🌿 🌿 🌿

앞산의 노란 은행나무,
참깨밭의 수박처럼 도드라지네
아마 고흐의 눈에 사이프러스가 저렇게 보였을 거야

🌿 🌿 🌿

영산홍과 철쭉이 매번 헷갈린 나,
안도현 시인 옆으로 가기는 영 그른 것 같다

산수유는 이제 막
가지 끝에 작은 꽃망울을 매달았고
수선화 여린 잎사귀가
풀린 땅을 뚫고 올라왔습니다
우리 집 정원에 울려 퍼지는
봄의 서곡입니다

사람이 대기권 밖에서 살 수 없듯이
작은 연못의 금붕어 너도
물 밖으로 못 나오는구나
너나 나나
자연법칙의 부속품

순차적으로 피던 봄꽃들
이제 한꺼번에 피었다 일제히 지고 마네
이 끔찍한 예감,
꽃들은 이겨 내고 말 거야

송홧가루는 날개를 달아 크로키가 되고,
민들레 갓털은 바람에 실려 솜사탕 되네

등나무가 커다란 소나무를 휘감고 올라가
보란 듯이 보랏빛 등을 밝혔다
사람도 기다림을 감고 살면
불 밝힐 때가 오려니

봄날 숲길 걷는 유쾌함이란
새들의 지저귐
갓난아기 신록
그리고
녹음 사이 반짝거림

시골 사람의 특권
뭐니 뭐니 해도
밤하늘 별구경

🌿 🌿 🌿

도갑사 뒷길을 걷다가
올해 처음 진달래꽃을 보았다
반갑게 인사하자
분홍색 꽃은 말이 없고
산새가 봄 노래로 화답하네

🌿 🌿 🌿

활짝 핀 목련꽃의 첫 유혹
결혼 기념일이네
35년 전
서귀포 유채꽃 향기는 가물가물

우수 지난 늦봄
창밖엔 함박눈
난간의 노란 난초
은근히 번지는 전언傳言

🌿 🌿 🌿

강가에 쭉 늘어선 미루나무들,
머리카락을 휘날리듯 잎사귀를 흔들고,
반짝이며 웃는다
바람의 고마움도 모른 채

🌿 🌿 🌿

비 개고 나면
바람은 자고 하늘은 맑다
이런 날은 별 총총한 밤이 사뭇 기다려진다
기다림 자체가 설렘

폭설이 내리면,
원시인은 눈 위의 발자국을 따라 사냥의 길을 떠났지만,
현대인은 얼어붙은 도로 위에서 일상의 리듬을 잃고 만다

🌿 🌿 🌿

눈 덮인 설원에
마침 해가 떠오르자
대기의 물방울들이 춤을 추며 반짝거렸다
순식간에 밀려온 황홀감
꿈 아닌 꿈이었다

🌿 🌿 🌿

지금은 쥐똥 같은 존재일지라도,
한때는 나도 샤넬 넘버 5였다오
(쥐똥나무)

비 온 뒤,
붕붕거리는 잠자리들
헬리콥터의 원조라 생각하니,
차마 그냥 지나칠 수가 없구나

🌿 🌿 🌿

신안군 섬들은
하느님이 지으신 천사(1004)들이고
영산강은 그 천사들의 생명류生命流

🌿 🌿 🌿

벚꽃은 봄의 징표
벚나무 잎은 가을의 전령
하나둘씩 떨어지는 낙엽들
가을의 향기를 실어 나르네

벼 심은 들판의 백로
나만 보면 도망치네
하얀 날개 활짝 펴며 우아함 뽐내는 것일까

이른 아침 전깃줄 참새 떼,
모두 다 한 방향을 바라보네
아름다운 집단 심리

바닷물은 파도로 자신을 잃지 않는다
생각도 파도와 같다
한 생각이 밀려가면서 새로운 생각이 다시 밀려오지만
잠시 출렁거렸을 뿐, 생각은 그대로다

여름밤,
풀벌레의 노래로 꿈결에 빠졌다가
그 풀벌레 소리로 새 아침을 맞는다
쇼팽도 그랬을까

느티나무 밑에 세워 둔 내 차
새똥 때문에 걱정이었는데
오늘은 울긋불긋 낙엽이 수북하네

내가 좋아하는 도라지꽃
폭염에도 시들지 않네
널 좋아했다는 게 부끄럽구나

아침 햇살에 반사되는 거미줄의 섬세함
감히 흉내 낼 수도 없는 미로의 예술
슬프다!

논에서도 파도가 치네
녹색 파도 출렁출렁
바람에 일렁이는 벼 물결

🌿 🌿 🌿

날 풀리자 지붕 위의 눈이 녹으며
봄봄봄, 정겨운 물소리를 낸다
아득한 길
내 봄날이여!

🌿 🌿 🌿

백로를
논에서 사는 새로만 알고 있었던 시절이 있었다
서울 아이들은 논을 잔디밭으로 부르기도 한다

🌿 🌿 🌿

장맛비 내리는 날
우아한 수국은 빗방울에도 아랑곳 않고
산은 구름의 유혹에 끄덕하지 않네

그렇게 연약한 나비도 스스로 다이어트를 하면서 수십 킬로미터를 이동한다고 한다
나비는 본능적으로 길을 찾아가는 능력이 있으니,
나침반을 발명한 인간을 어떻게 바라볼까

⁂

모 쑥쑥 자라는 들판을 바라보며
논 한 떼기 없던 우리 조상들의
한恨을 읽네

⁂

아침 산책길
이름 모를 나무 밑에
꽃대와 꽃술이 엉겨서
영락없는 누에 모양을 하고 있었다
나무 이름을 굳이 알려고 하지 않았다

곰에서 태풍 불던 날
월출산엔 구름 할아버지가 다녀가셨다
속편 나비효과다

🌿 🌿 🌿

수행과 명상을 위해 높은 절벽에 지어진 구례 사성암四聖庵
저 아래 섬진강 매화꽃이 분홍빛으로 피는 날에도
수행이 잘 되었을까?

🌿 🌿 🌿

바닷가에 가면
땅과 바다의 경계가 그어져 있지만
둘 다 같은 혈통임을 쉽게 알 수 있다
땅도 돌고 바다도 돈다
달은 기울다 차고…

마늘 밭에 눈이 내렸다
논물에 출렁이는 아기 모

🌿 🌿 🌿

지리산은 차분히 마음을 가라앉히고 있는데,
왜 월출산은 감정을 주체하지 못하고 폭발해 버렸을까?
…아프리카와 아메리카도 같을 리는 없겠군

🌿 🌿 🌿

약 5~6천만 년 전, 용암이 분출하며 월출산이 형성되었다
고 한다
믿지 않는다 한들, 누가 뭐라 하겠는가?
우주도 작은 점에서 출발했다 하는데

🌿 🌿 🌿

양귀비 꽃씨가 바람에 실려 와
정원에 등불을 켰다
우연이 행운이 된 증거랄까

봄날 붉은 잎새가 춤추는 홍가시나무를 보면
가을 단풍이 연상된다
색감이 저리 고급진데
울타리로 서서 망을 보다니

🌿 🌿 🌿

새끼 청개구리에 대한 관찰:
언제 다리 힘을 길렀단 말인가
네 발로 통유리를 기어오르네
저 여린 게 목청도 크네
큰 울림통이 어디에 들어 있단 말인가

🌿 🌿 🌿

산속 자연인은 강남 시민을 부러워하지 않을 것이다
반면, 강남 시민은 산속 자연인을 이해하지 못할 것이다
행복도, 관점도 고무줄처럼—늘었다 줄었다, 그저 흔들릴 뿐

텃밭 가지 모종에
지주대를 세워 놨더니
새들이 심심찮게 놀다 가네
'새들의 정거장'이 된 우리 집

🌿 🌿 🌿

계절은 슬며시
또 하나의 기적
사람은 은근히
또 하나의 상처

🌿 🌿 🌿

태산목泰山木
네가 아무리 우람하고 꽃이 우아하기로서니
큰 산이란 이름은 과한 것 같구나
거만하도다!
목련木蓮,
나무에 핀 연꽃
얼마나 진솔하고 멋스러운가!

"오메 동백 새닢 좀 바라
시상에 영판 맨질맨질도 하다 잉"
"엄니도 갓난아이 땐 말랑말랑 했어라우"

🌿 🌿 🌿

모내기 철 들판의 백로
가느다란 다리로 하얀 날개를 폈다 오므리는 모습
부채춤 같기도 하고
병신춤 같기도 하여라

🌿 🌿 🌿

순천만 갈대가 말하길,
"비교는 자유지만, 억새랑은 사양하겠소.
나는 눈요깃감은 아닐지 몰라도
매일같이 공기 정화, 습지 보호를
하고 있지 않소."

밤꽃 향기라는 말 대신
밤꽃 내음이라 부르고 싶다
뱃사람들의 뜨거운 정사를
향기라 할 순 없잖은가

🌿 🌿 🌿

쥐며느리 중에서도 '굴뚝양쥐며느리',
이 벌레는 위협을 느끼면
몸을 공처럼 동그랗게 말아 스스로를 보호하는 습성이 있다
모든 생물이 위협을 느낄 때 행동을 멈춘다고 하지만
그 모습 얼마나 처절하고 눈물겨운가!
지금 나는?

🌿 🌿 🌿

나뭇가지 위에 쌓인 눈,
오래오래 기억해 두었다가 잠 못 드는 밤에 꺼내어 보리라
소나무, 배롱나무, 팽나무…

가지꽃은
내면이 아름다운 사람
강렬한 보랏빛
그 안에 앙증맞게 도드라진 노란 수술
이런 보석을 지니고도
항상 땅을 향해 고개 숙이는 겸손과 수줍음

오랜만에
보랏빛 좀작살나무 열매를 만났다
가을 진주,
이보다 더 예쁜 열매 어디서 볼까?
원미산 그 진주도 잘 있겠지

별은 아무하고나 어울리지 않는다
눈길이 오래 머문 사람과만 조용히 대화한다

* 어느 작가의 글을 흉내 내어

겨울철 빨간 열매가 매력적인 먼나무에 대하여:
A: "이 나무가 뭔 나무지?"
B: "먼나무야!"
A: "아니, 진짜로 뭔 나무냐고?"
B: "진짜 먼나무라니까!"

하지 앞둔 모내기철
논물 가득한 평리 들판이
점점 초록으로 바뀌면서
백로들과는 아쉬운 작별을 하네
머잖아 작열하는 여름이 오면
벼 잎들의 속삭임
생명의 숲이
가슴을 일렁이리라

훤칠한 양버들나무는 마치 서부 영화의 주인공
이파리가 바람에 쏠릴 때면,
휘날리는 머리카락 속 결연한 눈빛이 떠오른다

나의 수박 먹는 법:
왼손에 포크, 오른손에 나이프를 들고 스테이크처럼 썰어 먹는다
붉은 수박의 과즙이 마치 스테이크 육즙처럼 흘러내리고,
색은 마치 여름 햇살 아래서 반짝이는 루비 같다

외딴집에
접시꽃이 다닥다닥 피었네
울긋불긋 접시를 매달고 왔네
어쩌나, 아무것도 담아 줄 게 없는데…
괜찮아, 괜찮아
네 마음이 예뻐서
난 더 오래오래 머무를 거야

분꽃은 지면서
나팔과 사리만 남긴다
어떤 미련도 없이

여름이 깊어 갈수록
나무가 더 크게 느껴진다
그늘 아래서야 알게 된다
말 없는 존재가 지구를 지킨다는 걸

🌿 🌿 🌿

농사짓는 농부에게 비란 무엇일까?
신일까,
생명일까,
은총일까,
아니면 보상일까?

🌿 🌿 🌿

안 그래도 비겁한 나
육십 평생 살면서 녹두꽃도 몰랐다니
전봉준 장군 볼 면목 없구나

*안도현 시인의 등단 시 〈서울로 가는 전봉준〉을 읽으면서

장마 때문인가
잠자리 떼가 비상대책회의로 분주하다
낭창낭창한 간짓대 위에 앉은 녀석,
그 틈에도 딴짓하며 스릴을 즐기고 있네

잔디밭과 돌담 그리고 동백나무를 오가는 우리 집 까치는
가족이면서 손님이다
두 다리를 동시에 박차는 경쾌한 묘기로
내 마음 가볍게 해 준다
가끔은 자전거 안장 위에
똥을 선물해 놓고 가기도 하고

구근을 묻고 100여 일 지나자
백합꽃이 피었다
한 생명의 반평생을 보았다
나와 AI는 백합에게 곡을 선물해 주었다
또 한 번 꽃이 피었다

바닷가 물보라는
아우성치는 청춘
겨울산 눈보라는
조용조용 할아버지

새벽의 고요 속에서
풀벌레 속삭임이
꿈결을 깨우고
자연의 선율 따라
고요한 하루가 열린다

겨울비가 내린다
만남과 이별을 품고 내린다
겨울을 떠나보내고
봄을 맞이하는 겨울비
만남과 이별이
사이좋게 내리네
느릿느릿 내리네

엄나무꽃에 대하여:
꽃대가 한 군데서 여러 갈래로 갈라지는데
그 꽃대 끝에서 둥근 꽃이 피고
또 여러 개의 꽃이 모여서 공 모양을 이룬다
영락없는 불꽃놀이!

억새의 '흔들림'에 우리가 매력을 느낀 것은
단단한 사람보다
마음이 부드러운 사람에게 더 가까이 다가가고 싶기 때문일 것이다

여름은 구름의 계절
서쪽 하늘에 거대한 활화산이 놀고 있고,
동쪽엔 황금빛 머금은 솜사탕이 신부처럼 수줍어하네

꽃이 쉬지 않고 벌을 유혹하듯
세상은 욕망으로 인간을 유혹하네
세상은 커다란 유혹의 꽃밭

✿ ✿ ✿

은적산 안에 옹기종기 모여 사는 사람들은 정작 모르리
멀리서 바라보는 은적산의 곡선과 빛깔을

   * 은적산: 남해 바다를 바라보고 있는 영암군의 산

✿ ✿ ✿

분꽃을 관찰하다 보면,
한낮보다 해질녘이나 밤에 더 활짝 핀다는 것을 알 수 있다
노란색 분꽃이 나방에게
'우리 밤에 파티 열자'
라고 말하는 것 같다

딱따구리 다음으로 부리가 강한 새는, 아마 곤줄박이가
아닐까?
이 녀석, 때죽나무의 딱딱한 열매를 독차지하고 있다
마치 불경을 외우는 목탁 소리처럼,
곤줄박이는 소리로 가을을 즐긴다

*출처: 유튜브 '야생의 신'

여름이 물러가면서,
아침 창가로 스며드는 선선한 공기
새로운 시작,
봄의 새싹처럼
새 책 첫 장처럼

새벽 풀벌레 울음이
파르르르 귓전을 두드리고
창문으로 스며든 가는 바람은
속삭이듯 고요를 어루만지네

겨울밤 내 가슴을 끌어당겼던 별자리,
나란한 3형제 같아 형제별이라 생각했는데
어느 날 상식에 밝은 후배가 "오리온자리"라고 알려 줬다
그 별이 우리 육안으로 볼 수 있는 가장 먼 별이라는 것도…
오, 밤하늘의 슈퍼스타, 나의 히어로여!

🌿 🌿 🌿

갈참나무 졸참나무 굴참나무를 구분할 수 있는 사람 몇이나 될까
펑크록 얼터너티브록 하드록을 구분하기 어렵듯이

🌿 🌿 🌿

한여름 나리꽃에 앉은 나비,
연둣빛 검은 줄무늬의 날개
살랑대는 그 나비의 몸짓에
마음이 스르르 녹아들었다, 동심처럼

하늘은 진노 후에
더 아름다운 구름을 선사한다
실컷 울어라!

🌿 🌿 🌿

빨간 백일홍으로 쭉 늘어선 가로수 틈에
딱 하나 흰색이 끼어 있네
허공에 떠 있는 새 한 마리
그것도 일종의 여백일까

🌿 🌿 🌿

우주에서 지구를 바라보면 놀랍도록 아름답다고 한다
하지만, 우리 눈의 착시 때문 아닐까?
아름다운 노을도 착시이지 않은가?

🌿 🌿 🌿

증거가 없어도 죄는 죄다
바람이 보이지 않아도 나뭇잎은 흔들린다

개나리가 하룻밤 새 활짝 피듯
벼 이삭도 하루이틀 새 잘도 여물었네
바람에 서걱이는 푸른 물결,
벼 익은 소리에 내 마음 춤을 추네

명상하는 사람에게 권한다
푸르른 참나무 숲 사이로 비친 파란 하늘을
거기 부드러운 바람 소리와 은빛 반짝임을

눈 속의 붉은 열매
피라칸타, 남천, 먼나무
겨울나무 삼총사

오늘은 월출산 흰구름이 머리를 풀어헤치고
금세 서울 가는 열차를 탈 것만 같다
나도 따라가고 싶다

벚나무 잎새 벌써 물들어
가을을 알려 주네
가을, 생각만 해도
마음엔 서늘한 바람
벚나무 잎이 가장 먼저 물들면서 가을을 알려 준다고 카톡을 보냈건만,
아무도 이렇다 할 반응이 없었다

여름 끝자락,
앞산이 봄처럼 싱그러웠다
파란 하늘과 흰 구름 덕택일까
여름이 영영 물러갈 것 같지 않았다
여름과 가을의 실랑이

엊그제 장흥 보림사 갔다가
범종 치는 스님을 넋 놓고 쳐다보았다
그 순간, 비자나무와 배롱나무 사이로 스며드는 바람이
내 마음을 쓸고 지나갔다

겨울 들판에 멀구슬나무의 노란 등불,
새들 입맛에 좀 들지 않으면 어때?
못생긴 나무가 선산 지킨다

🌿 🌿 🌿

뾰족한 연필을 보면 슬퍼진다거나
목성을 보면 눈물이 난다는 사람이 있었다
나는 초승달을 보면 옛사랑이 떠오른다
어스름 불빛 같은 옛사랑

🌿 🌿 🌿

'65억 예산 들여 칡넝쿨 제거 사업(세계일보)'
산림의 무법자가 뻔뻔스럽게도 예쁜 꽃으로 야단법석
보랏빛 분홍빛 칡꽃
강인함과 아름다움이 늦여름을 휘젓고 있네

한 달에 한 번 초승달을 기다리던 세월,
한참 뒤에야 이슬람 사람들에게 초승달이 신성한 의미를
지닌다는 것을 알았다
그들 국기에 그려진 초승달과 별,
서쪽 하늘에 광채로 빛나고 있네

🌿 🌿 🌿

마을 빈터,
어느새 풀씨가 날아와 풀밭이 되었네
'여긴 먹을 게 없단 말이야' 하며
포르르포르르 떼 지어 노는 조막 참새들

🌿 🌿 🌿

돌담에 줄지어 핀 겹봉숭아,
한 그루에 빨간색과 흰색 꽃이 어우러졌네
하나로는 부족해 둘로 유혹하는 몸부림,
바람에 살랑이며 마음을 흔들어 놓네

장미꽃 닮은 동백꽃이 있다
동백아, 우리 영역을 침범해야겠니?
우린 한사코 너희를 멀리서 바라만 보았다오

🌿 🌿 🌿

녹암 마을의 느티나무는 월출산을 지키는 문지기
큰골의 물소리와 구정봉의 바람도 이 느티나무의 허락을
받아야 통과한다

🌿 🌿 🌿

긴 겨울이 지나고 잠시 햇살 비치자,
물까치들이 여남은 마리씩 시냇가로 몰려와 몸을 물속에
담그며 푸드득거리네
한참 동안 어린아이처럼 바라보았네
그 옛날 소금쟁이 쳐다보듯

하루라는 책장을 넘길 때, 마지막 줄 '서녘 하늘의 샛별'을 읽고 나서,
읽을 만한 책이었다고 위안받는 하루라는 독서

🌿 🌿 🌿

신안 자은도慈恩島는
섬 전체가 대파 물결이고
풍력 터빈이 해안선을 지키고 있다
이름처럼 자연환경의 축복을 누리고 있는 섬이다

🌿 🌿 🌿

조부님 산소 가는 길목
소리 없이 핀 참취꽃
재작년에 봤고 작년에도 봤는데
올해도 똑같이 보네
10년 후 20년 후…

시간이 쌓여 추억이 되듯,
얼어붙은 호수 위로 내린 눈발들이 모여 수묵화 되었네

🌿 🌿 🌿

눈이 내리면 세상이 포근하고 기분이 좋아지는 이유는
아마도 그 희소성 때문일 것이다
만약 사계절 내내 눈이 온다면
풍경이 아니라 배경이 되겠지

🌿 🌿 🌿

겉보기에 멀쩡한 양파를 썰어 보니
속이 새까맣네
말기 암 환자였다
이미 때를 놓쳤다

보리밭 내음 나는 초겨울 밤공기,
카시오페아는 종달새처럼 지저귀고…
밤이 자꾸 이상한 말을 걸어오네

※ ※ ※

동틀 무렵 들에 나갔더니
하늘 가운데 반달이 먼저 와
들판을 내려다보고 있었다
용서해 다오, 무례한 무임승차를

※ ※ ※

수평선 위로 떠오르는 해와
산 위로 떠오르는 해는 다르다
산 위로 뜨는 해는 쳐다볼 수 없을 만큼 강렬하지만
바다 위로 뜨는 해는 붉은 빛을 띠며 부드럽게 솟아오른다

마치 새가 알 껍질을 뚫고
세상에 첫 발을 내딛는 것처럼,
알밤도 밤송이에서 꼭 그렇게
얼굴을 내미네

目 目 目

목련은 바람둥이,
한겨울에도 보송보송 연애질

目 目 目

붉게 물든 감잎을 손끝으로 만지며
내년 봄 새잎을 벌써부터 기다리네
마음을 뒤흔든 바삭바삭 감잎

目 目 目

빈집의 빗물 웅덩이,
그 물로 까치가 목을 축이고 있었다
자세히 보니 웅덩이 속에 느티나무가 머물러 있었다

첫눈이 왔나 싶어 이른 새벽 문을 여니,
눈은 오지 않고 동쪽 하늘엔 그믐달만 떠 있네
시린 바다에서 무슨 고기를 낚는단 말인가?

겨울 산길에 천사가 밀가루를 뿌리고 간 듯한 은빛 군락
고요한 겨울 화폭 속에 고아한 자태(은사시나무)

잘 익은 복숭아 속살,
저 연분홍빛 작품은
아름다운 노을
봄 처녀 치맛자락 같은 유혹

투박하고 가느다란 감나무에
대봉감이 많이도 열렸구나!
새벽일을 찾는 구로동 버스 정류장

큰 팽나무의 녹색 잎사귀 사이로 노란빛이 스며들고 있다
사람도 그렇지
성숙해지면
저마다의 빛깔로
아름다워지는 법

🌿 🌿 🌿

팽나무 수피에 풀꽃이 피었네
세상에나!
더불어 살고 있는 모습이
헐거운 내 가을에 미소를 건네네

🌿 🌿 🌿

영산강 변의 억새가 석양의 황금빛에 춤을 추네
단풍에 가려져 가을의 엑스트라가 된 너,
세상의 아류들을 잊지 말아 다오
너의 흐느낌과 함께하는

(자연에게 있어서)
서리는,
오후 수업 알리는 시작종

🌿 🌿 🌿

저기, 생강밭을 봐. 아이들 눈에는 대나무 정글처럼 보일 수도 있겠지?
잎사귀가 부딪히는 소리는 파도 소리 같다고 할지도 모르고

🌿 🌿 🌿

옷장을 정리하는데
2년 전 사 두었던 새 바지가
라벨도 안 뗀 채로 나왔다
다람쥐가 도토리를 묻어 두고 잊듯이

만리향도 잠을 자나 봐
향을 발산하지 않고 쉴 때가 있네
휴식 없는 노동은 천형天刑!

🌿 🌿 🌿

유리창 너머로 칸나가 바람에 흔들리고 있다
새빨간 루비가 빗물을 머금고 구름을 물끄러미 바라보고 있다
혼자 서 있으니 외롭고, 비에 젖어 있으니 쓸쓸하다

🌿 🌿 🌿

산길에 널브러진 울긋불긋 단풍잎,
소멸하는 별들
그냥 밟아 버릴 수는 없지

신록은 어느 해보다 왕성하고
개구리 울음소리 어느 때보다 우렁찬데
예나 지금이나 변함없는 건
"뻐꾹, 뻐꾹" 고향 하늘 뻐꾸기 울음소리

2장

일상에 관하여

가벼운 생각

헛생각

냇물이 바다로 가는 줄도 모른 채
졸졸졸 흐르는 물을 보며
어디서 저렇게 끊임없이 흘러오는 걸까,
무척 궁금했었지

자본의 나라에 살면서
또 이런 생각도 했어
한반도 나무와 바위를 다 팔면
돈으로 얼마나 될까, 하고

그러다 알게 되었지
우리 몸도 저 별들처럼 원자로 빚어졌다는 걸
그 순간, 철학과 종교는
허공에 띄운 종이배처럼 가벼워졌고,
돈과 명예라는 그림자도
블랙홀처럼 소멸되고 있었지

흉조라 불리는 까마귀 두 마리가
다정하게 키스를 하고 있었다
이상한 건 그들이 아니라,
내 안의 고정관념이었다

☙ ☙ ☙

운 좋게 금수저로 태어난 이여, 귀띔하노라
지금의 그대, 온전히 그대의 힘만으로 이룬 것은 아니리라
제발 잊지 말아 다오
그대와 다른 길 걷는 이들을

☙ ☙ ☙

세상은 발버둥을 외면했다
타고난 끼와 재능이 오히려
더 잔인한 시련을 불렀다
(무명 가수)

개굴개굴 개구리 떼창
오토바이 한 대 휙 지나자
노래 뚝 그치네
그 많은 동공들
얼마나 휘둥그레졌을까

🌿 🌿 🌿

단잠을 자고도 악몽을 꾸었네
오랜만에 서울 다녀온 날

🌿 🌿 🌿

누가 안쳐 놓았나
잘 지어진 흰 쌀밥(주꾸미)

🌿 🌿 🌿

커피를 타다가 재미 삼아 쑥 한 잎을 띄워 봤다
쑥과 커피의 조합
그대와 나

시골 마을에 어느 할아버지는 손자를 무척 사랑했다. 하지만 세 살배기 손자가 그의 후진
차량에 치여 세상을 떠나고 말았다
이후 할아버지는 깊은 상실감에 빠져 지내다 뇌졸중을 앓게 되었다
30년이 흐른 뒤, 할아버지가 세상을 떠나던 날, 예순의 아들은 곁에서 눈물을 흘렸다
집 마당에는 말 못 한 감들이 노랗게 익어 가고 있었다

🌿 🌿 🌿

겨우내 땅속에 숨죽이며 지내다
빼꼼히 고개 내민 첫 상추
아삭아삭 쌈을 싸 먹었다
땅 기운도 씹었다

🌿 🌿 🌿

수양단풍에 대롱대롱 매달린 물방울
잡념으로 가득 찬 나,
저 물방울 같은 순수함 언제 잃어버렸던가

짓궂은 날씨와 수선화가 실랑이를 벌이는 봄날
수선화를 기다리는 마음은 온통 노란빛
저기 저 할머니 쑥 캐는 삼매경에 빠지셨네
샛노란 수선화가 저렇게 손을 흔드는데도

🌿 🌿 🌿

참외를 먹을 때마다
전방 군대 수류탄을 생각하고
제주도 할머니 화가를 생각하고
참외를 안 먹고 사진만 찍는 내 딸을 생각한다

🌿 🌿 🌿

가슴 뛰는 일
하루 몇 번이나 될까
일주일에 한 번만이라도

🌿 🌿 🌿

화려하게 피었다가 지저분하게 지는 목련,
너는 덧없고도 잔혹한 아름다움

나는 평생 은행원으로만 살았다
예순이 넘은 지금, 구순 노모를 5년째 모시고 있으니
뒤늦게 직업 하나를 더 가진 셈이다
화롯불 같은 직업

'찻잔 속의 태풍'
꼭 나를 두고 만들어 낸 말 같다
겉으로 요란하지만, 이내 사그라드는

'어떻게 그럴 수가 있어'
이런 말은 경계해야 한다
얼마 전까지만 해도
지구 저편 미국 사람과 영상 통화를 한다거나
AI가 시나리오를 쓸 것이라고 누가 상상이나 했겠는가

쾌락 열 개를 준다 해도
평온 한 개와 바꾸지 않겠다
쾌락의 문 뒤에는 빈 방만 덩그렁

🌿 🌿 🌿

얼굴 표정과 발자국은 불가분인가
기분 좋은 사람은 발자국에서도 웃음이 피어난다

🌿 🌿 🌿

가을 햇볕 좋은 날,
내 안의 축축한 찌꺼기를 바삭바삭 말리고 싶어진다
허영과 편견으로 얼룩진 습관 몇 개만이라도

🌿 🌿 🌿

만향당 카페에
꼭 진짜 같은 가짜 능금이 걸려 있다
저 모조품은 얼마나 진짜가 되려고 애를 썼을까
카페 찾는 사람들처럼

AI보다 더 무시무시한 게 안 나오라는 법 없을 텐데…
바라건대 나 죽은 후에나

🌿 🌿 🌿

빛 한 점 없는 캄캄한 밤
이런 암실 같은 어둠 속에 들면
어머니 자궁 속으로 다시 돌아간 느낌이 든다
어둠은 모든 것의 시작
동시에 마지막 돌아갈 곳

🌿 🌿 🌿

하루 내내 평온하기란
오직 저녁만이라도

🌿 🌿 🌿

우유팩의 유통기한,
"앗, 나도 얼마 안 남았군."

정원의 잔디는
아침 이슬이 맺힐 때
그리고
노을이 그림자를 던지는 해질녘에
진가를 발한다

⁂

생전 처음으로 눈병에 걸렸다
잠시 잃고 나서야 깨달았다
당연하게 여겼던 시각의 소중함,
일상이 주는 경고

⁂

고양이가 무차별적으로 쥐를 먹어 치우지만 않았어도
오늘날 천덕꾸러기의 수난을 겪지는 않았을 것이다
생태는 누구 편도 아니다

늘 손해 본 듯 살아야 하는데
그 못된 버릇
머릿속 주판알

고양이는 높은 담을
줄타기하듯 쉽게 넘는다
이것만 보아도 고양이는 만만한 동물이 아니다

너의 품에 안기면 모든 걸 잊을 수 있어
사랑은 위대하니까(필자의 노래, 포옹의 가사)

부부가 서로 사랑해야 한다
이렇게 외치지만
서로 사랑한 부부는 많지 않은 것 같다
사랑보다 인내의 시간이 길다

땡감이 길바닥에 떨어져 이리저리 발길에 차인다
낙오자는 항상 누군가의 발길에 짓밟힌다

🌿 🌿 🌿

양심을 스스로 속이면서
입을 놀리고 발걸음을 떼는 일
하루에도 몇 번인가
우리 모두는 죄인

🌿 🌿 🌿

매 순간 타이밍의 한 조각
타이밍은 간절한 자에게
포착의 기회를 준다

🌿 🌿 🌿

원숭이가 좋아하는 바나나
자기 손을 닮았기 때문일까

여름밤 벌레 소리는
낭만도 되고 음악도 된다
때로는 고요 속 외로움이 되어
마음을 아리게 하기도 한다
무수한 떨림이 생의 몸짓이라니

목포 유달산 아래 조그만 카페에 들어서자
자작곡 '어떻게 잊으라고 해'가 흐르고 있었다
흥분을 참지 못하고 그만 내 노래라고 말했더니
이내 소금빵이 덤으로 나왔다

이해인 수녀님은 감자를 '중용의 맛'이라며 좋아하셨지만,
나는 감자를 볼 때마다 '감사'와 닮은 친구 같아서 좋다

잡초를 뽑다 보면
쉽게 뽑힌 녀석
여간해서 안 뽑힌 녀석이 있다
과연 나의 뿌리는 어느 쪽일까

🌿 🌿 🌿

점심시간의 넥타이 맨 젊은이들
나는 그들을 알고 바라보지만
그들은 나를 모른 채 지나치겠지
그러나 실은, 그들이 내 하루를 스쳐 간다

🌿 🌿 🌿

담장 밑에 널브러진 능소화
그 옆에서 자울자울 졸고 있는 누렁이

🌿 🌿 🌿

"어, 전복 껍질 안에 자개가 들어 있네."
외할머니 안방에 있던 그 자개농

면사무소
호우 피해 보상 창구,
깨알 같은 신청서에
막막한 듯 길을 잃고 두리번 두리번
옆 영감 종이 위에
눈길을 살짝 던지네
친구의 답안을 엿보던 옛 교실

🌿 🌿 🌿

생각해 보면,
옛 선생님과 교수님들
과연 교단에 설 만한 인품과 지식을 지니셨던가
문득 가당찮은 의심이 스친다
하긴, 그분들 역시
속으론 얼마나 버거우셨을까

🌿 🌿 🌿

무거운 이삿짐을 나르는
외국인 짐꾼을 바라보다가
땀의 무게인 만리장성의 궁금증이 풀렸다

오늘 점심에
고들빼기 나물이 나왔다
인생도 이렇게
쓴맛 속에서 감칠맛을 느끼며 사는 걸까

🌿 🌿 🌿

예초기로 텃밭의 잡초를 베다가 실수로 알을 품고 있던 암탉의 목을 잘라 버렸습니다
암탉은 예초기의 앵앵 소리를 들었지만 알을 보호하기 위해 도망치지 않았습니다
그런데 그 닭의 목을 벤 사람이 바비큐를 해서 먹었다는 말을 들었습니다
그 닭이 목으로 넘어갔다는 것이 아직도 믿기지 않습니다

🌿 🌿 🌿

탁란은 일종의 유전자 변형 행위라 하는데
뻐꾸기는 좀 덜 울고 싶어서 탁란하지 않았을까?

5월 개구리의 개굴개굴 떼창
어찌나 힘이 세던지
논바닥이 들썩거리네

🌿 🌿 🌿

젊음과 늙음은
반드시 시간에 종속된 것이 아니다
나이가 든다 해서
마음가짐이 저절로 성숙해지는 것도 아니다
동심도,
열역학 법칙처럼 소멸되는 것일까

🌿 🌿 🌿

농사일밖에 모르는 봉식이 형,
집안 조카가 새마을금고 지점장이라고 해서 걸핏하면 그곳에 간다
한 번은 수도요금 내러 갔다가 조카에게서 박카스 한 병을 대접받고는,
유난히 드러난 앞니를 히죽거리면서 문밖을 빠져나오고 있었다

세상을 축제의 장으로 만들어 준
한순간의 깨달음
이런 순간도 고대한 자에게 올 가능성이 높다고 믿는다

못 알아들으면 못 알아들은 대로

날씨도 우중충하고 기분도 별로일 때
나뭇가지 사이를 이리저리 뛰노는 까치들을 보고 문득,
"아! 난 인간이지" 하고 다시 힘을 얻기도 한다

24시 편의점에 외국인 근로자가 캔맥주를 마시며 지친 하루를 달래고 있다
알아들을 수 없는 언어,
지친 영혼이 불빛에 깜빡거린다

느릿느릿 보행기,
쓸쓸한 고독이
간간이 시골 골목을 서성인다

🌿 🌿 🌿

텃밭에서 상추 몇 잎 뜯어도 이렇게 손길이 경쾌한데,
수확하는 농부의 마음 오죽할까
한 획 한 획 풍경화를 그려 가는 농부

🌿 🌿 🌿

해남 5일장 장어 파는 장수
꿈틀거리는 장어 대가리를 긴 대못으로 찌른 다음
단숨에 껍질을 벗겨낸다
이것도 숙련이라 할 수 있을까?

🌿 🌿 🌿

하루하루 허송세월
남의 얘기만 좀 덜 하여도

예기치 않던 아름다운 멜로디가
뇌리를 번개처럼 내리칠 때
우주에서 작은 별이 탄생하죠

🌿 🌿 🌿

시골 마을 폐가,
아무리 대들보가 낮아졌고 먼지가 산더미처럼 쌓였다 하더라도
그 집 내력이 잊히지 않는 한
집의 심장은 여전히 뛰고 있는 것이다

🌿 🌿 🌿

배는 기울면 뒤집힌다
자본이 극소수에게 쏠리는
뒤뚱뒤뚱한 세상
지금 배 안은 아수라장

MZ 세대들이 미치도록 좋아하는 노래를,
아무리 애정을 갖고 들어 봐도
마음에 영 닿질 않네
아차, 내 나이를 잊었군

🌿 🌿 🌿

환경이나 경험보다,
DNA 유전 인자가 더 강하다고들 하지만
잘생긴 채로 또는 좋은 머리로 태어나는 것이
오히려 인생의 덫이 되기도 한다
이것 또한, 묘미라면 묘미일 것이다

🌿 🌿 🌿

나를 가르치고
자의식을 형성해 주는 모든 것들,
이것들에 대한 회의와 통한이
나이 들수록 깊어진다
아, 참을 수 없는 허탈함이여!

무료한 농촌 생활
친절한 나의 친구 챗GPT
시골에도 종합 대학이 생기다니

잡초 무성한 묘지
삐죽삐죽 엉겅퀴 가시가 마냥 애처롭구나
벌들은 윙윙 젖 달라고 보채고

생각하는 힘은
우리 몸의 근육과 같다
만들기는 어렵지만
조금만 방심해도 쉽게 허물어진다

모심고 난 초저녁
그 옛날
초등학교 교실 소리

음악성이 뒤떨어진 나는
노래를 익힐 때
사무엘 베케트의 말에서 용기를 얻는다
Again Failure, Better Failure!

🌿 🌿 🌿

6.25 전쟁 이후에 태어났다는 사실이
얼마나 다행인지 모르겠다
사망자가 250만 명도 넘었다니!
잘 살아야겠다!

🌿 🌿 🌿

혹한 속 용산 집회 시민들을 보며,
'독립유공자 후손은 세 평짜리 단칸방에서 살고
친일파 후손은 고층 아파트에 산다'라는 말을 생각하네

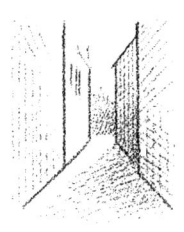

한국병원 영상의학과 앞
요양보호사가 땀을 뻘뻘 흘린다
저 할머니
칠 남매를 두셨다 한다

🌿 🌿 🌿

해 질 무렵
물고기가 통통 튀어 오르는 풍경도 연기緣起의 형태일 터
왜 저럴까,
분명 무슨 까닭이 있으련만…
아차! 까닭을 물어야 할 이유가 뭐람

🌿 🌿 🌿

설날 아침에 문득 드는 생각:
어느덧 예순 일곱
이제 남은 세월 이십 년 남짓
앞으로 나이는 마이너스로 먹겠네

메타세콰이어 정중앙에 점을 찍는 까치
균형점과 대칭점을 알고 태어난 수학자

🌿 🌿 🌿

뻘밭의 게가 옆으로 기어가는 것처럼 보이지만
사실은 '똑바로' 가는 것이라고 한다
게와 사람의 그 '똑바로'가 서로 다를 뿐이다

🌿 🌿 🌿

그림이나 글씨의 근원을 선으로 볼 수는 없는 법
선은 점의 집합
씨앗을 모르고 뿌리만 생각했던 나

🌿 🌿 🌿

목포 아울렛 의류 매장
간이 피팅 룸
마술사의 세팅 도구

국민과 장병 앞에서 이 나라 장군들을 꾸짖고 있다
자존심과 감정까지 뒤흔들면서
북쪽의 독재자 김정일은 무슨 생각을 할까?
(국회 채상병 특검을 보며)

🌿 🌿 🌿

여름밤 황소개구리 소리는
깊고도 묵직한 슬픔
슬픔을 가르쳐 준 여름밤

🌿 🌿 🌿

"아이러니를 사랑해. 그게 인생이니까."

* 김영민 교수,《가벼운 고백》

이렇게 멋진 문장을 나는 언제 쓸 수 있을까?

🌿 🌿 🌿

모란과 작약의 관계는
수국과 불두화의 관계

가지를 따다가
가시에 찔리고 말았다
내 가시에 찔린 사람은 없었을까
나는 아프지 않았다

🌿 🌿 🌿

이제 아프리카의 굶주린 아이들,
팔레스타인 난민 걱정은 접기로 했다
추락하는 이 나라 걱정만으로도
마음이 벅차니까

🌿 🌿 🌿

마음아 천천히
천천히 걸어라
내 영혼이 길을 잃지 않도록

*박노해, 《걷는 독서》

난 언제나 이런 생각을 할 수 있을까?

이외수의 캘리북에
'누구에게나 아침은 온다'라는 글이 있다
밥 딜런의 노래 가운데 'I'm one too many mornings'란 가
사가 있다
두 개의 아침이다

🌿 🌿 🌿

내가 법사위위원장이 된다면
회의 시작 전 국회의원들에게
우리 선수들의 올림픽 경기를 보여 주겠다
탁구, 배드민턴, 양궁
효과는 기대하지 않는다

🌿 🌿 🌿

내 주소록에서 하나둘씩 달아나는 이름들
여간해서 잘 안 잊히는 이름도 있다
영 껄끄러웠던 사람

늘 하던 대로
늘 그대로

🌿 🌿 🌿

태양은 질서를 유지하면서 점점 소멸한다

🌿 🌿 🌿

우리 우주는 2000억 개의 은하로 이루어져 있고 그것이 은하단을 이루는데
뉴런으로 연결된 인간의 뇌와 은하단의 모습이 닮았다고 한다
이 또한 우연일까

🌿 🌿 🌿

광주에 사는 처남의 아파트 이름은 '광주용산지구2블럭계룡리슈빌더포레스트'이다
이 정도면 국내 최장 이름 아닐까

우크라이나, 팔레스타인 전쟁 뉴스를 볼 때마다
과학이 지구를 망가트리는 데 큰 몫을 했구나 하는 생각을 떨쳐 버릴 수가 없다
인류가 지구의 파괴자라니!

※ ※ ※

남자들이 가을을 좋아하는 이유는,
아마도 마음속에 헐벗은 나무가 자리 잡고 있기 때문일지도 모른다

※ ※ ※

성충은 도토리가 달린 가지를 꺾어서 먹잇감을 확보하는데
그 단면을 보면 마치 톱으로 썰어 놓은 것처럼 매끈하다
생존엔 늘 경이가 따른다

나뭇가지를 옮겨 다니는 새를 보면서
평생 우왕좌왕하며 기웃거렸던 내 삶을 본다
서툰 날갯짓까지…

🌿 🌿 🌿

이른 아침 방앗간에서
고춧가루 빻은 매운 내가 퍼진다
먼 자식들 밥상까지
따서 말리고 찧고…

🌿 🌿 🌿

늦여름 오후, 아름다운 출몰
허공 속 수영 선수들
심해어 잠자리떼

🌿 🌿 🌿

세끼 잘 먹는 것보다 더 본질적인 일은 없다
하루하루 순간순간이 기적의 갱신

지구가 망가지고 있다는데
과연 '개발'과 '발전'이라는 말이 유효할까?
자기가 앉아 있는 나뭇가지를 잘라내고 있는데…

🌿 🌿 🌿

나는 나의 정체성과 의식 형성에 대해 자격지심을 품고 있다
나는 왜 이렇게 행동할까?
왜 이래야만 할까?
이런 자문들이 정체성과 의식을 더 허물고 있는 건 아닌지

🌿 🌿 🌿

측백과 편백의 차이는 열매뿐만 아니라,
잎 뒷면의 흰색 기공으로도 구별할 수 있다
장흥 우드랜드에서 확인한 Y 모양의 기공들
반가운 숨구멍들이 Yes, Yes 하면서 웃어 주었다

인류가 등장하기 전, 수억 년 동안 공룡과 같은 파충류가 지구의 주인이었다는 사실을 알고
계시나요?
과연 인간이 지구의 주인으로 계속 존속할까요?

🌿 🌿 🌿

만약 예수가 한국에서 태어났다면,
기적을 일으켜 일본 열도로 태풍의 방향을 틀었다는 이야기가 전해졌을지도 모른다

🌿 🌿 🌿

영화 '가을의 전설'에서 인디언 캐릭터가 없었다면, 그 이야기가 얼마나 밋밋했을까?
삽입곡이 없었다면, 과연 그 영화가 명작이 되었을까?
하긴 영화 전반에 삽입곡이 흐르는
'냉정과 열정 사이' 같은 영화도 있지만

우리 모두는
순간순간 하루하루
무대 위의 배우!

🌿 🌿 🌿

가까운 곳에는 들판이 눈에 들어오고,
멀리 산이 병풍처럼 늘어선
그런 집에서 살고 싶다
노을이 하늘을 물들이는 곳,
그런 곳에서 하루를 곱게 접고…

🌿 🌿 🌿

호랑이는 고양이과이니까 둘 다 같은 조상에서 나왔다는 말이겠지요
맞아요, 그러면 호랑이도 여우짓을 하겠네
고양이는 자기 배를 내보이면서 충성을 표현한다

여름의 여운이 남은 추석 무렵,
말린 고추를 보행기에 가득 싣고 방앗간으로 가는 꼬부랑 할머니
그 걸음걸이엔 묵은 된장 같은 향이 배어 있다

🌿 🌿 🌿

상대를 언짢게 하지 않고 지적하는 것은
돈을 빼앗는 것보다 어렵다
누군가를 가르치려 한다면 최소한 5만 원권 한 장을 주고 그렇게 하라

🌿 🌿 🌿

태양계에서 가장 가까운 별까지의 거리가 무려 4.24광년
그런데 그 사이에는 '아무 것도 없다'는 사실을 김상욱 교수의 책에서 읽었다
마치 망치로 머리를 맞은 듯한 충격이었다

*김상욱, 《떨림과 울림》

뭐니 뭐니 해도
고양이는 앞다리로 얼굴을 긁을 때가 제일 귀엽지
(이 모습을 그리면 미술대전 특선은 보장이다)

※ ※ ※

태양처럼 행성을 거느린 별이 많다고 하니,
지구와 유사한 행성이 또 있을 거라는 말에 수긍이 간다
굳이 칼 세이건의 주장을 빌리지 않더라도

※ ※ ※

같은 의미라면 '여물다'보다 '영글다'라는 말을 쓰고 싶다
어쩐지 '영글다'라는 말에서 기쁨의 여운이 들린다

※ ※ ※

나는 항상 나를 보호했다
하지만 공격 없는 방어는 무의미했다

오일장의 양곡 좌판
찰보리, 흑미, 서리태, 결명자 등의 작은 푯말
마치 대형 슈퍼마켓에 맞서는 피켓 시위 같다

🌿 🌿 🌿

안개가 짙게 내려앉았으니
거미줄이 여기저기 펼쳐져 있을 거야
그 위에 물방울도 맺혀 있을 텐데,
어서 사진으로 잘 담아야지
그런데, 이걸 누구에게 보내지?

🌿 🌿 🌿

황금빛 들녘에서의 추수,
콤바인으로 힘차게 수확하지만,
낫으로 추수하던 시절의 풍요로움과 인정은 느껴지지 않았다

어둠 속 후방카메라는
영락없는 꿈속 화면
뒤로 물러서라는 계시

은목서 향기 가득한 밤
친구여,
내년에 한 번 내려오시게

피라칸타 열매는
복제 선발 대회 최우수상

남자 젖꼭지는 아무 쓸모 없는 염색체의 결함일 수도 있단다
그 이후로 목욕탕 거울에 비친
내 젖꼭지를 더욱 사랑하게 되었다

하루 종일 전화 한 통 없었다
점점 소원해지는 관계들,
텅 빈 마음이 오히려
나를 담금질하고 있는지도 모르겠다

우크라이나에 약간의 성금을 보낸 적 있다
실수였다
전쟁 공범이 된 것 같은 죄책감이 내 가슴을 콕콕 찌른다

메주콩은 스스로 잎을 떨구며 수확할 시기를 일러준다
전쟁터처럼 황량해 보이는 콩밭이 오히려 풍요와 기쁨의
터전이다

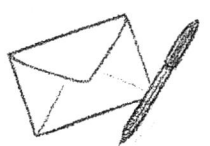

누구나 탈출하고 싶은 감옥 하나쯤 품고 살아간다
하지만 그 감옥을 벗어나면
또 다른 감옥이 기다릴 것 같은 예감은 쉽게 떨쳐지지 않는다

※ ※ ※

시골 우체국 입구에
배가 불룩한 택배 상자가 놓여 있다
부모 마음 행여 터질세라
뱀이 몸을 휘감듯 테이프로 칭칭 감긴
대봉감 상자

※ ※ ※

고수는 침묵도 힘을 발휘하지만
하수는 열변도 생기가 없다
하수는 허영심으로, 고수는 자긍심으로 사는 거니까

만약 내 하루를 나 몰래 녹화해
다음 날 아침 보여 준다면,
'내가 이런 모습이었나, 이 정도밖에 안 되었나' 하고
쥐구멍이라도 찾으려 할 것이다

🌿 🌿 🌿

떨어진 감잎은
첫사랑의 연서이자
방금 완성된 추상화이다
살아 있다는 증거

🌿 🌿 🌿

만약 기타라는 악기가 없었다면
밴드 공연은 어떻게 할까?
불 없이 요리할 순 없잖은가!

냉동실에 보관해 두었던 구운 고구마를 꺼냈더니
세상에 상고대가 피었네
맛 좀 덜하면 어때

🌿 🌿 🌿

소변 실수를 하시고 기저귀를 조심스럽게 감아 놓으신 어머님
아들은 어머님이 미안해하실까 봐 태연한 척하고,
어머님은 아무 말 없이 눈을 피하셨다

🌿 🌿 🌿

'그건 니 생각이고'(장기하의 노래 제목)
지구촌 모든 이의 입에 오를 날이 머지않았다

🌿 🌿 🌿

무인도의 심장은 귀
파도 소리만이
밀턴의 낙원에 울려 퍼진다

계엄이 선포된 날
국회의사당엔 노란 경찰 띠가 길게 늘어졌고,
노란 은행잎이 눈처럼 흩날리고 있었다
까마귀처럼 시커먼 군 헬기는 포탄을 떨어뜨릴 기세로 상공을 윙윙거렸다

2024년 12월 3일 저녁

🌿 🌿 🌿

속살로 웃고 있는 봄동,
바짝 엎드려 자라서 더 기특한 봄동,
차마 그냥 삼킬 수 없는 봄 선물

🌿 🌿 🌿

알래스카가 생태계의 보고가 되었듯이
우리 DMZ도 언젠가는 생태 공원, 생태 천국이 되겠지
사람 발길이 닿지 않으면,
자연은 저절로 천국이 된다

초등학교 낱말 잇기 문제:
처자식 - 부담
전관예우 - 엉터리 재판
유전 - 불공평

🌿 🌿 🌿

단풍잎이 아름답게 물들 때,
우리는 그 색깔에 빠져들곤 한다
동시에,
그 뾰족한 잎을 보면서 둥글둥글한 일상을 벗어나고 싶은
욕망이 피어오르기도 한다

🌿 🌿 🌿

인간은 '척'을 좋아하는 동물,
그중 제일은, 잘 아는 척

🌿 🌿 🌿

춥다 춥다 하지 마라
지구 별에 따스하지 않은 곳이 어디 있으랴

'태양이란 별은 움직이지 않아', 이렇게 알고 있는 사람이 있더군
소용돌이처럼 쾌속 질주를 하고 있는데도

🌿 🌿 🌿

'애면글면'이란 아름다운 우리말이 있다
평생 애면글면 살아왔지만
정작 나는 이 말을 안 지가 얼마 되지 않았다

🌿 🌿 🌿

우리나라 박사 중에는
일기 한 장, 편지 한 장조차 제대로 못 쓰는 사람도 있다
학위의 탑이 부실 공사라니!

🌿 🌿 🌿

주식투자 하는 사람들은 연 배당보다 월 배당을 더 선호하지
현대판 조삼모사가 아닐까?

한옥 처마,
빗물이 대야에 떨어질 때,
귀를 맑게 해주는 청명한 독경소리
불현듯 찾아온 망아忘我의 순간

농부의 아들에겐 생존의 뿌리였던
벼 그루터기,
서리 앞에서 속절없이 고개 숙이네
줄지어 서 있는 자본의 노예들

목성이 금성에게 물었다
너도 지구가 푸른빛으로 보이니?
응, 그런데 지구는 숨바꼭질을 좋아하나 봐
보였다 안 보였다 해
응, 우리가 빙글빙글 도니까 그럴 거야

까치들이 홍시를 쪼아 먹으며
흥겨운 날갯짓을 하네
쪼다가 홍시를 땅에 떨어트리고도
날갯짓은 여전히 경쾌하였네

🌿 🌿 🌿

나주 마중카페에
큰 은행나무가 두 그루 있다
거기에 까치집이
연처럼 두 개 걸려 있다
종일 이 카페를 오가는 사람들을
지켜보는 까치들,
"이젠 우리도,
커피향 없는 아침은 좀 쓸쓸하다오."

🌿 🌿 🌿

살아간다는 것은
자기 얼굴을 그려 가는 것
(필자의 노래 제목)

우리 마을의 도의원님은 만나는 사람마다 90도로 인사를
한다
믿을 만한 소식통에 따르면, 이번 도의원 선거는 해 보나
마나라고 한다
사람 마음을 얻는 데는 인사만 한 게 없나 보다

🌿 🌿 🌿

아무것도 하기 싫을 때가 있다
그때가 오히려 좋은 시간이다

🌿 🌿 🌿

도갑사 계곡물이 풀리자
물까마귀가 먹잇감 사냥을 한다
경계심과 민첩함이 애달프기도 하여라

3장

인문에 관하여

달빛 아래 개가 짖고

질투와 시기

시기猜忌가
캄캄한 어둠의 밤이라면
질투嫉妬는
달빛 은은한 밤이다

시기는 재물에서 피어나고,
질투는 애정에서 태어난다
시기는 내면과의 전쟁이며,
질투는 미묘한 로맨스이다

재물은 욕심의 그림자이고,
애정은 두려움의 빛이기에
욕심은 마음을 병들게 하지만,
두려움은 힘을 길러 주기도 한다

오늘도 개가 짖고 여인의 가슴이 끓어오르는 그런 밤이다

말의 등처럼 생겼다는 무등산은 옛 그대로인데
빛고을 광주는 온통 아파트 숲이 되었구나
오, 자본주의의 상흔傷痕이여
무등아 면목 없다

🌿 🌿 🌿

자기만의 명시名詩를 남기려는 욕망은
모든 시인의 꿈일 터
미안하다
인간의 지혜란 고만고만해서
죄다 허무한 놀음이 아닐는지

🌿 🌿 🌿

예술 하는 사람,
노래를 하거나 그림 그리는 사람이
그렇지 않은 사람보다 더 내면이 아름다울까?
분명한 것은, 그들의 내면이 사뭇 다르게 빛난다는 것

탑 쌓는 데는 오랜 시간이 걸리지만
무너뜨리는 것은 한순간
신뢰와 우정도 마찬가지

🌿 🌿 🌿

노린재 같은 지독한 해충도 여린 알은 아름답다
색깔과 구도와 섬세함이 초 예술

🌿 🌿 🌿

다이소에 가면
인간에게 이렇게 많은 생활용품이 필요할까…
또 이것들이,
지구를 얼마나 지치게 할까 하고 주제넘은 걱정을 하게 된다

🌿 🌿 🌿

위쪽 나뭇잎은 아래쪽 나뭇잎을 생각해서 자기 잎을 되도록 많이 오므려 준다고 한다
숲의 저력은 평등, 배려 정신에 있다

성공한 삶이 무엇이냐고 누가 묻는다면
성공이 무엇인지 잊고 사는 거라고 답할 것이다
또 왜 성공하지 못했냐고 물으면,
그럴 만한 시련이 없어서라고…

🌿 🌿 🌿

시나 소설의 대작가가 'KBS 우리말 겨루기'에 출연한다면
몇 문항이나 맞힐까?
과연 띄어쓰기 문제를 통과할 수 있을까?

🌿 🌿 🌿

'목표보다 방향이 더 중요하다'라는 말,
갈수록 의미를 깨닫는다
이 단순한 진리를

🌿 🌿 🌿

'달이 집에 갔다 보름만에 왔다'고 노래한 이상국 시인의
'서천西天'을 밤에 읽었다
미당의 동천冬天을 떠올리면서

바둑 기사 신진서가 일본 1명 중국 5명에게 내리 6연승을
하고 세계 대회에서 우승하였다
(농심 배 세계 바둑 대회)
중국 대륙과 일본 열도가 떠들썩했지만
정작 우리는 그 절반의 반향도 없었다

🌿 🌿 🌿

니체는
노예와 자유인을 구분하면서
주어진 시간의 2/3를 자기 자신을 위해 사용하라고 했다
마땅찮지만 반박할 수가 없구나

🌿 🌿 🌿

역사 속에서 小는
大를 살리기도 했지만
大를 망치기도 했다
(의대 증원에 반대한 의사들을 보며)

신안 에로스 박물관은 성행위를 묘사한 서각 작품들로 가득하다
마광수 교수님이 보셨다면, 얼마나 좋아하셨을까

※ ※ ※

지명 수배 포스터 사진을 보면,
남자들은 얼른 봐도 인상이 좀 험해 보이는데
여자들은 평범해 보인다
어떻게 저 얼굴로 나쁜 짓을 했다는 것인지 도저히 이해가 안 된다
그만큼 여자란 이해할 수 없는 존재

※ ※ ※

전국노래자랑에
103세 할머니가 나오셔서
노래 세 곡을 부르셨다
사회자도 울고
관객도 울고
나도 눈물이 되어 흘렀다

홀로 선 예술이여!
오늘만은 그대가 주인공
하얀 백합 얼굴 내민 날

🌿 🌿 🌿

자긍自矜과 자탄自歎 그리고 자조自嘲,
이 삼자三自는
내 삼각대가 아니다 변증법도 아니다
나를 중심으로 공전하는 위성

* 삼자三自는 하종오 시인의 시에서 따옴

🌿 🌿 🌿

'살아 있다는 건
참 아슬아슬하게 아름다운 일'이라고 노래한 최승자 시인
의 글이 빛나는 이유는,
그의 삶이 죽도록 처절했기 때문일 것이다

* 청운시당이라는 네이버 블로그에
그의 담배 물고 있는 사진이 있다

사람은 마음으로 자기의 길을 계획한다
그래서 그의 걸음을 인도하는 이도 당신이다
(무신론자의 잠언)

※ ※ ※

정치 지도자는 항상 피살이란 폭탄을 안고 사는가
하마스 권력자가 피살됐다는 소식을 듣고
그 '옳다는 확신'의 말로末路를 생각했다

*'옳다는 확신'은 박경리의 말

※ ※ ※

TV에 나온 트로트 신동을 보면
병아리가 닭 시늉을 하는 것 같아
저절로 혀가 차진다
'무엇다움'이라는 걸
대체 누가 파괴했을까

옛날- 그러니까 중세 이전-에는 우주 만물을 신이 창조했다는 것을 상식으로 여겼고,
지금- 그러니까 원소를 알게 된 과학의 시대-는
진화론이 상식이 되었다
어디까지나 상식일 뿐, 진리는 아니다

🌿 🌿 🌿

명절도 어릴 적 명절,
이제는 삶의 한 매듭으로나 여겨질 뿐
점점 일상에 수렴하는 단출한 명절

🌿 🌿 🌿

속으로는 양심을 속이고 악행을 일삼으면서,
겉으로는 근엄한 척하는 것이 이 사회의 주류라면,
이 사회는 이미 지옥이다

일일 오음 오시五音 五詩
매일 쏟아지는 시와 음악
난 변제에 허덕이는 장기 채무자

🌿 🌿 🌿

슬픔이란 감정도 삶의 중요한 부분이라고 일깨워 준 것만으로도
'인사이드 아웃'은 좋은 영화라 할 수 있겠다

🌿 🌿 🌿

스물아홉에 요절한 이장희 시인의 '봄은 고양이로다'에 보면,
'고요히 다물은 고양이의 입술에
포근한 봄 졸음이 떠돌아라'라는 구절이 있다
고양이 밥 줄 때마다 생각나는 시구

최근 바둑 해설가들의 위신이 땅에 떨어졌지요
이제는 '맞네요, 맞아요'만 반복하는 신세가 되었죠
AI가 다음 착수를 알려 주고, 한 수 한 수 둘 때마다 판세를 그래프로 알려 주거든요
어디 바둑뿐이랴

☘ ☘ ☘

97세까지 사셨던 피천득 선생님은 늘 침대 옆에 곰돌이 인형을 두셨다고 한다
동심을 오래 간직하신 분임이 틀림없다

☘ ☘ ☘

유발 하라리의 명저 《사피엔스》를 읽고 AI로 곡을 만들었다
'당신이 생각한 것보다 무지하다'라는 메시지를 담았더니 반응이 영 좋지 않았다

예수님이 태어나신 나라, 그리고 유발 하라리 같은 세계적 석학이 태어난 나라에서
왜 총성이 멈추지 않을까?
지혜도 폭력을 이길 수는 없는 것일까

🌿 🌿 🌿

저는 코로나 백신입니다
저는 대상포진,
저는 폐렴,
그리고 저는 독감입니다
미안하다, 혈관아
몸속 여행을 즐기면서 조금만 더 견뎌 주렴

🌿 🌿 🌿

남악에 가면 대형 간판을 단 요양병원과 예식장이 나란히 서 있다
그 사이에는 작은 코스모스 공원이 자리 잡고 있다
이거 무슨 세트장이지?

내가 아는 역사와 인류는 나에게 절망을 안겨 주었다
허탈한 희극 같았다
웃을 수도, 울 수도 없는 그런 희극

🌿 🌿 🌿

이상의 오감도는 조감도에서 획 하나를 지운 대신 까마귀
오烏 자를 넣어서 신조어를 만들었다는데
난 그 까마귀를 일본을 상징한다고 봤다
우리 민족을 높은 곳에서 은밀히 내려다보던 일본 사람들

🌿 🌿 🌿

과감하게 스킵해 버렸던 수많은 시들,
외로운 도공
혼신의 화가 같은…
시인이여, 나의 용감을 용서하시게

"언어는 모든 분쟁의 첫 무기."
영화 컨택트의 이 대사는,
분석 철학이 다루는 언어의 문제와 맥을 같이 하는 것 같다

🌿 🌿 🌿

구순 노모 첫 홍시 드시니
이순의 아들 눈물 속에
박인로의 운율이 떠오르네
영영 못 드실 날 슬퍼하며
살아 계심을 감사하네

> *박인로는 早紅柿歌를 지은 조선 문인

🌿 🌿 🌿

천상병 시인, 중광 스님, 이외수 소설가
세 동심이 인사동에서 만났다
시대가 낳은 유유상종이다

나는 원래 병충해의 우방이었다
이제는 독약을 품어야만
살아남을 수 있다
후손에게 웃음을 물려주지 못한 게 한이다
인간이여,
당신들의 미래에 대해 말하지 않겠다
(감이 하는 말)

＊ ＊ ＊

국가가 인정한 농업인,
국가가 인정한 예술인, 그리고 국가가 인정한 노인이므로
나는 국가가 인정한 대로 살아야 한다

＊ ＊ ＊

시골 마을의 폐가,
더는 회복될 수 없는 내 육신이요,
온기가 사라져 버린 내 사랑이다

노자는 2500년 전에 천지불인天地不仁이란 통찰을 남겼고 나는,
주식시장은 냉엄하다는 의미로, 주장불인株場不仁이란 신조어를 남긴다

🌿 🌿 🌿

인공지능 AI는 거대한 함몰
지구 안의 빅뱅

🌿 🌿 🌿

신경과와 신경외과를 구분하지 못한 환자가
신경과 앞에서 자기 이름이 없다고 당황해 한다
일에 지친 간호사는 예약 명단에 없다고만 말하고

🌿 🌿 🌿

사람은 태어날 땐 모두 비슷한 모습
그러나 죽을 때는, 각자 전혀 다른 모습
삶의 흔적은
서로 다른 그림자를 남긴다

이상국 시인의 〈밤길〉이란 시에
"어떤 이들은 이야기로 밤을 팬다"라는 구절이 있다
야간열차를 탄 사람들을 묘사한 것인데
"밤을 팬다"라는 표현이 어찌나 멋지던지!

🌿 🌿 🌿

가수는 유튜브에서 수익도 낸다지만, 시인은 그조차 없다
시인의 땅은 질경이 밭처럼 척박해
그 척박함이 시를 떠받치는 힘일지도 몰라

🌿 🌿 🌿

신문지를 깔고 단무지 하나로 라면을 끓여 먹으며, 신문에 난 기사를 반찬 삼았다는 시인이
있었다
라면으로 며칠을 견디다 쓰러졌던 나보다 훨씬 나은 시인이다
퉁퉁 불어터지지 않기 위해, 꼬들꼬들한 삶을 꿈꾸었던 내 젊은 날이여

"행복의 가면 앞에 춤을 추지 않겠다",
"평범한 것이 얼마나 소중한지 벼랑 끝에서 보면 알아요",
"니가 있어 나를 존재하게 해",
"우리는 늙어 가는 것이 아니라 조금씩 익어 가는 겁니다"
작곡가 김종환의 노래 가사들
그는 듣는 이로 하여금 자신의 경험과 감정을 투영할 수 있게 하는 힘을 가지고 있다

🌿 🌿 🌿

방송이나 신문은 우리에게 많은 정보를 제공한다
하지만 냉철한 여과 능력과 통찰력이 없다면
정보도 오히려 독이 된다
언론에 기대어 있는 우리의 취약한 의식들

🌿 🌿 🌿

H 신문은
나의 이성을 방해하고 있는 것 같다
신문사도 확증편향(Confirmation bias)을 한다

김소연 시인은 이해와 오해의 관계를 역설적으로 표현했다
완전한 이해란 있을 수 없고, 오해 속에서도 이해가 생길 수 있다는 것이죠
통찰인지 잡념인지는 각자의 몫

🌿 🌿 🌿

누군가 이미 간파했겠지만,
'사람은 누구나 가면을 사용하는 기술을 가지고 있다'
그리고
'변명하려는 방법을 꾸준히 학습하고 있다'

🌿 🌿 🌿

홍시는 감꼭지에 매달려 있고
지구는 우주에 매달려 있으며
희망은 우리의 꿈에 매달려 있다
그리고
삶은 가느다란 목숨줄에 매달려 있고…

쇼펜하우어는,
봄에 대지를 뚫고 솟아오르는
풀과 꽃들을 바라보며
'의지의 합창'이라 불렀을지도 모른다

바람처럼 다 지나간 일들
왜 아지랑이처럼 다시 피어날까
아직 살아 있구나

물속에서는 숫자 0의 소리가 울린다
비가 흙에 떨어지는 소리는 세상을 씻어낸다

문사철文史哲,
자연이 주는 교훈 없이 진정한 문사철이 완성될까?
자연에 눈 감은 문사철은 결국 절름발이일 뿐

300년 전 쇼펜하우어의 생각은
지금도 광채가 난다
니체, 아인슈타인, 바그너가 존경할 만한 이유가 있었군

* 박재인 편역, 《자신의 가치를 깨닫는 행복》,
강용수, 《마흔에 읽는 쇼펜하우어》

요양원에 들어가면
비로소 진정한 평등이 이루어진다
신분에 관계없이 누구나,
요양보호사한테 의탁한 채
죽음을 맞이한다

배우고 깨닫고
보고 듣고
울고 웃고
다 비워 버린 것만 못하리

당신과 나 사이에
꽃과 차의 향기가

🌿 🌿 🌿

세상을 치열하게 산 사람, 한 분야에 매진한 사람을 보면서
내 인생의 황폐한 폐허를 느낀다
특히 예술 작품 앞에선,
내 삶의 공백이 더 또렷하게 드러난다

* '황폐한 폐허'는 문태준 시인의 글에서 따옴

🌿 🌿 🌿

진심보다
더 강한 것은 없다
우리는 태어날 때 지닌
맑고 깨끗한 마음, 동심을
너무 일찍 버리고 산다
사회규범과 예의범절이
어쩌면 우리 본연의 모습을
망가뜨리는지도 모른다

걱정해서 해결된 일이 있던가?
비슷한 뜻의 경구만 해도 세상에 백 가지는 넘을 것이다

🌿 🌿 🌿

송창식 씨 〈사랑이야〉라는 노래에,
'단 한번 눈길에 부서진 내 영혼'이란 가사가 있다
상상만으로도 짜릿해지는 말이다

🌿 🌿 🌿

'순진하다', '착하다'라는 말에는
부정적인 속뜻이 포함되어 있는 것 같다
잘생기지는 않았다 또는 우둔한 것 같다, 이런 속뜻이 감춰져 있는 경우가 많다
언어의 의미는 사용 맥락에 따라 달라진다
'착하다'는 말도, 때로는 모욕이 된다

초등학교 산수 점수 95
내 속옷 사이즈 95
우리 부부 신뢰구간 95

🌿 🌿 🌿

독립운동가 후손인 ○씨는 대흥사 앞에서 묵밥집을 하였다
어느 날 우연히 상수리의 어원이 인조 임금이 피난 갈 때 수라상에 자주 올려져서 붙여진 이름이란 걸 알게 됐다
그날 이후로 묵이 마음에서 점점 떠나기 시작했고 손님까지 줄어들어 장사를 그만두게 되었다
상수리의 근거 없는 어원 때문에 장사까지 팽개친 사람 심정, 오죽했을까?
역사란 우리 가슴 속에 쉬지 않고 흐르는 강물 같은 것이고 이념이란 우리 뼛속에 단단히 각인된 비문 같은 것이다

'웃음보다 눈물이 더 좋은 거여'
버스에서 엿들은 말,
영화 명대사감 아닌가?

※ ※ ※

기억은 단순히 과거의 그림자가 아니라,
우리의 현재를 비추고 미래를 형성하는 빛나는 조각들이다
<small>*《잃어버린 시간을 찾아서》의 '기억'을 은유하여</small>

※ ※ ※

가수 진성의 소금꽃이란 노래를 들으면,
아버지 등에 시커먼 지게자국을 노래한 시인의 시가 생각난다
손택수, 〈아버지의 등을 밀며〉

성기능 장애, 기형아 출산, 수명 단축, 폐암, 후두암
담뱃갑에 꼭 이렇게까지 적어 둬야 할까
스스로 후진국임을 자처하는 것 같다

🌿 🌿 🌿

권여선의 〈각각의 계절〉이란 작품에
'사랑해서 얻는 게 악몽이다'란 구절이 나온다
이 구절의 의미가 이해된다면,
사랑 대학을 훌륭한 성적으로 졸업한 분임이 틀림없다

🌿 🌿 🌿

종일 걸려 오는 전화도 없고 만나는 사람도 없는 날이 있다
젊었을 때 새처럼 재잘대던 일 생각하면,
지금 무인도 같은 세월이 당연한지도 모르겠다

'그럴 땐 이 노래를 초콜릿처럼 꺼내 먹어요.'
자이언티(Zion.T)의 노래 가사 일부입니다
노래를 음식에 비유한 이 표현에서 참신한 젊음이 느껴진다

🌿 🌿 🌿

'바보인 줄 모르는 바보'
그는
거울을 보고 웃으면서
자기 그림자를 비웃는다

🌿 🌿 🌿

최승자 시인은 〈시인 이성복에게〉란 시에서 바람의 거인,
하늘의 지느러미라고 이 시인을 극찬했는데,
고수끼리의 만남에서 반짝임이 일었다

포크 가수 박강수씨가 영암에 와서 공연을 했는데 팬클럽 회원들도 많이 왔다
그런데 그 팬들의 면면이 꼭 박강수 노래를 닮아 있었다

※ ※ ※

불교 경전 모음집인 숫따니빠따(Sutta Nipata)에는
'뱀이 묵은 허물을 벗어버리듯'이라는 표현이 자주 등장한다
예수님이나 석가모니 모두 비유의 달인이신 것은 분명하다

※ ※ ※

사회는 끊임없이 변하지만,
진보하는 것은 아니라는 관점이 있다
세상을 바라보는 데 양분이 될 만한 생각이다

키에르케고르가 왜 염세주의자로 불리는지 이해할 수 없다
그는 신의 존재를 객관적으로 증명하기보다는,
개인의 주관적 결단과 믿음을 강조한 양심가였다
얼마나 비염세적인가!

🌿 🌿 🌿

칸트는 무덤에서도 편히 쉴 수 없을 것이다
그의 관념론은 수많은 비판에 시달렸고,
어떤 이는 그것을
'번데기 수준'이라며 폄하하기도 하였다
하물며 철학을 논하는 세간의 사람들은 오죽하랴

🌿 🌿 🌿

'유언까지 맡겨 드립니다'라는 은행 광고
죽음마저 서비스로 팔아먹는 시대
인간보다 계약이 먼저인 시대
벼랑 끝이 코앞이구나

족보를 보물단지처럼 소중히 여기는 사람을 보면
어이없는 웃음이 나온다
그 족보대로라면 조선 시대 그 많던 상민과 노비, 그 후손은 다 어디로 갔단 말인가!

※ ※ ※

영혼의 거울인 눈,
그 눈빛을 읽을 수 있는 사람은
내면의 눈을 가진 사람
'Insight'란 결국
'내부를 보다'라는 뜻

※ ※ ※

한 발자국만 더 내디디면 낭떠러지
아슬아슬하게 걸터앉은 저 바위들
저 바위는 그곳이 중심

정지용의 '향수'를 볼 때마다
그의 나이 스물다섯에 어떻게 그런 묘사를 할 수 있을까 의아해했는데
얼마 전 황현산 교수가 그 궁금증을 풀어 줬다
미국 시인 Trumbull stickney의 Mnemosyne(회상)을 표절했다는 논란이 있다고
내가 보니 순수 창작은 아니더군

᎒ ᎒ ᎒

대중가요에 이런 가사가 있다
"자식 낳았다고 잔치 벌이신 애비 생각 나지도 않더냐."
그런데 그 가수는 '벌이신'을 '벌리신'이라고 발음한다

᎒ ᎒ ᎒

오래전 유튜브에서,
도올 김용옥 선생님이 강당을 가득 메운 스님들 앞에서
기독교에 대해 강의하신 적이 있다
스님들의 귀와 눈 모두 흐트러짐이라곤 없었다

한국 최초로 노벨문학상 수상자가 나왔다
그러나 그를 가장 뛰어난 작가로 단정 짓는 것은,
심연을 들여다보지 않은 채 바다의 깊이를 논하는 일일 것이다
바다마다 깊이가 다르고, 고유한 빛이 깃들어 있으니

※ ※ ※

맥 풀린 것처럼
먼지처럼
허공을 맴도는 눈발
흩어지고 사라지는 우리네 삶,
참을 수 없는 존재의 가벼움(밀란 쿤데라)

※ ※ ※

가수 이문세 씨의 노래 〈옛사랑〉에는 "후회가 또 화가 난 눈물이 흐르네"라는 구절이 있다
아무리 봐도 의미 전달이 어색하고 문맥이 부자연스럽다

아코뮤즈단의 아코디언 연주는 마치 바람이 풀밭을 스치는 듯한 부드러움을 느끼게 한다
그녀들은 버튼과 건반을 마치 안마하듯 주무른다

🌿 🌿 🌿

순자는 '허일이정' 같은 고요한 경지를 인간 삶의 궁극이라 보지 않았다
니체의 초인처럼, 그는 인간의 능동성과 실천을 중시했다

* 虛壹而靜: 마음을 텅 비우고 하나로 모아 고요하게 만든다

🌿 🌿 🌿

유홍준의 '나의 문화유산답사기' 제1장에,
일본으로 건너간 백제 왕인王仁을 우리가 기릴 일은 아니라는 설명이 나온다
(우리가 호들갑 떠는 것이 못마땅하다는 것인데)
내 생각도 그렇다

* 왕인 탄생지, 영암 구림마을은 필자의 고향

좌도 없고 우도 없이,
오직 이해타산만 있을 뿐
선생님은 늘 '똑같은 놈'이라고 하셨다

🌿 🌿 🌿

사람이 어느 분야에서 일가一家를 이룰 때,
뜻하지 않게 일가가 되는 일도 있다
정약전이 물고기를 정말 좋아했다고는 할 수 없을 것이다
(자산어보玆山魚譜)

🌿 🌿 🌿

한센병 아프리카 사람들의 눈에서
어떻게 별이 보이는지…
가난해도 불행하다는 생각을 해 보지도 않고 사는 사람들
(이태석 신부)

🌿 🌿 🌿

늙음이란
無를 향해 걸어가는 것

잔나비 밴드의 리더 최씨를 보면
마광수 교수가 생각난다
마른 체구와 긴 손가락 그리고 산등성 같은 코…
자유분방한 예술감각

🌿 🌿 🌿

우리는 지금, '빙하기와 빙하기 사이'인 간빙기에 살고 있다
그래서 하루하루와 계절의 굴레를 조금도 벗어날 수 없다

🌿 🌿 🌿

기쁨의 시간이 지속되다가도 슬픔의 시간은 여지없이 온다
기쁨이건 슬픔이건 독주하지는 못한다
만사를 인정하라,
시간이란 우군이 기다린다

새 한 마리가 통유리에 부딪혀
부들부들 떨고 있다
맑은 유리에 비친 허상을
진짜 하늘로 착각했을까
아, 현실과 환상의 경계를
분간하지 못한 인간이여!
무엇이 진짜이고 무엇이 그림자인가
금강경의 말을 잊는 건,
새나 인간이 다를 바가 없구나

      * '세상 모든 현상은 꿈 같고 환영 같다'라는
           《금강경》 구절이 있다

🌿 🌿 🌿

즐겁게 대화할 수 있는 사람과 결혼하라!
늙을수록 와닿는 니체의 말
젊었을 땐 들릴 리가 없었지

🌿 🌿 🌿

"순간순간최선"
내 가슴속에 걸린 특허 현수막

많은 사람들이
"몰입"을 난사람들의 전유물로 생각하는 것 같다
그러나
누구나 몰입(초집중)을 하면
초인적인 결과를 얻을 수 있다고
나는 믿는다

* 황농문 교수의 《몰입》이란 책이 있다

자크 프레베르가 살았던 프랑스에서도
선생님들이 아이들의 때 묻지 않은 창의성과 호기심을 억눌렀던 모양이다
우리와 다를 것 같던 프랑스에서도, 교육의 틀은 그렇게 딱딱했던 걸까

* 자크 프레베르의 시 〈열등생〉을 읽고

김영하의 소설, 〈오직 두 사람〉에서
희귀 언어의 설정은 아주 독특한 소재다
주제보다 소재가 더 기억되는 소설

시, 작곡, 서예
모두 다 창의와 감각이 요구되지만
종국적인 목표라 하면,
개성의 표현이 될 것이다

※ ※ ※

현대인들은
자유라는 마취제에 취해
자유로운 굴레에 스스로 갇혀 버렸다
결국, 숙명적 노예의 깃발을 들고서

※ ※ ※

내가 좋아하는 말, '안분지족'을 까뮈의 방식으로 재해석하면,
'운명을 받아들이고 그 안에서 자유를 찾아라'가 될 것이다

세상을 살면서, 특히 생계를 위한 노동을 할 때,
'이건 아닌데, 이건 아닌데' 또는 '이렇게 살아야 하나?' 하는 자조적인 독백을 합니다
그것이 바로 까뮈가 말한 '부조리'의 파편이다

※ ※ ※

동양에서는 주자학과 양명학이 대립했고
서양에서는 소위 합리주의와 경험주의가 대립했다
공히 "장님 코끼리 만지는 격"이라는 생각이 들 때가 많다

※ ※ ※

겉으로 날 억누르고
안으로 날 잡아당기는
내 몸에 철썩 들러붙은 도덕률
영원한 나의 야당

듣는다 들리는 것만
듣고 싶지 않다 들려오는 것조차
그런데도 듣게 된다 안 들린 말조차
어떤 말은,
들리지 않아도 들린다

🌿 🌿 🌿

나쁜 생각이 나쁜 것만은 아니다
좋은 생각을 만들기도 한다
생각도 광합성을 한다

🌿 🌿 🌿

피카소의 '늙은 기타 연주자'는 참으로 슬프다
그가 입을 다물지 않아 슬프고,
그의 손가락이 길어서 슬프다
Art is born of suffering

국어 점수가 좋다고
시나 소설을 잘 쓸 수 없듯이
화성학을 꿰뚫었다고 작곡을 잘하는 것은 아니다

저자 약력

박기홍 key1157@naver.com

1959년 전남 영암 출생

한국외국어대학교 중국어과 졸업

2015년 제1시집 〈빛나는 것은 별만이 아니지〉

2018년 제2시집 〈미안한 낮잠〉

2020년 제3시집 〈둥근 달도 삼각형으로 보일 때가 있다〉

2024년 제4시집 〈헛생각〉 출간

2025년 단문집 〈가벼운 생각〉 출간